Diogenes Taschenbuch 22952

de
te
be

Friedrich Dürrenmatt

Die Schweiz – ein Gefängnis

Rede auf Václav Havel
Mit einem Gespräch des Autors mit Michael Haller
sowie einer Rede von Bundesrat Adolf Ogi

Diogenes

Nachweis am Schluß des Bandes
Umschlagillustration:
Fotomontage von
Art Ringger

60/97/8/1
ISBN 3 257 22952 6

Inhalt

Friedrich Dürrenmatt

Die Schweiz – ein Gefängnis

Rede auf Václav Havel

Sehr geehrter Herr Staatspräsident,
lieber Václav Havel

An der Protestveranstaltung, die 1968 im Basler Stadttheater gegen den Einmarsch der Truppen des Warschauer Pakts in die Tschechoslowakei stattfand, nahm auch ich teil und schloß meine Ansprache mit den Worten: »In der Tschechoslowakei verlor die menschliche Freiheit in ihrem Kampf um eine gerechtere Welt eine Schlacht, doch nicht den Krieg: Der Krieg gegen die Dogmatiker der Gewalt geht weiter, mögen sie nun die Maske des Kommunismus, des Ultrakommunismus oder jene der Demokratie tragen. Wie dieser Kampf im Notfall in einem technisch entwickelten Land zu führen ist, wo es kein Ausweichen in den Dschungel gibt, zeigt uns das tschechoslowakische Volk, das, um zu überleben, seine

Armee nicht einsetzt und nicht Nibelungen spielt und dennoch durch seinen gewaltlosen Widerstand ein Machtsystem erschüttert, tödlicher vielleicht, als wir zu ahnen vermögen.« Mehr als zwanzig Jahre sind seitdem vergangen. In Vietnam verloren die Vereinigten Staaten nicht nur den Krieg, auch die Ehre. Die Macht der Dogmatiker in Osteuropa ist zusammengebrochen, die waffenstarrenden Militärblöcke beider Seiten sind nutzlos geworden, ihr gegenseitiges Feindbild ist verlorengegangen, die beiden Supermächte werden in steigendem Maße nicht miteinander, sondern mit sich selber konfrontiert, der gewaltlose Widerstand fand in Ihnen, lieber Havel, seinen Repräsentanten, die Tschechoslowakei ihren Staatspräsidenten. Sie empfingen hier den Gottlieb-Duttweiler-Preis, den Preis eines Mannes, der in der Schweiz ebenso populär wie umstritten war, der sein Großunternehmen in eine Genossenschaft umwandelte und eine Partei gründete, die zu den wenigen Parteien zählt, die in der Schweiz noch zur Opposition gezählt werden können, wobei wir freilich vorsichtig sein müssen, gibt es doch hierzulande sogar eine Autopartei, die im Auto das heilige Symbol der Freiheit sieht und sich als Oppositionspartei betrachtet. Sie, lieber Havel, haben den Preis, wie es in der Begründung heißt, dafür erhalten, weil Ihr Name für Zivilcourage, Ehrlichkeit und Toleranz gegenüber anderen Auffassungen steht, für die unerläßliche Grundlage einer freien Entfaltung des Individuums in einem demokratischen Staat. Ein schöner Preis, ein schweizerischer Preis, aber irgendwie unumkehrbar. Ich kann mir nicht vorstellen, daß Sie einem schweizerischen Dienstverweigerer einen Václav-Havel-Preis verleihen würden für Zivilcourage, Ehrlichkeit und – nun stutz' ich schon – inwiefern waren Sie dem Regime gegenüber, gegen das Sie protestierten, tolerant? Wohl nur, indem Sie die Möglichkeit, sich ins Ausland abzusetzen, ablehnten und die Strafe auf sich nahmen und ins Gefängnis gingen. Dadurch erreichten Sie den Sturz eines Regimes, während unsere Dienstverweigerer... – wir Schweizer sind nun einmal ein kriegerisches Volk, das seit fast zweihundert Jahren nie angegriffen wurde, aber sich verteidigen würde, würde es angegriffen, und zum Beweis, daß es sich verteidigen würde, wirft es diejenigen ins Gefängnis, welche die Zivilcourage und die Ehrlichkeit haben zu erklären, sich unter keinen Umständen verteidigen zu wollen, würden sie angegriffen. Eine Milderung findet nur statt, ist nach der Meinung des Militärgerichts eine religiöse Neigung im Spiel, aber ist die Überzeugung gar politisch – wie es Ihre war, lieber Havel –, dann fällt in der Schweiz auf den politischen Dienstverweigerer die ganze Strenge des Gerichts, wie es auf Sie in der Tschechoslowakei fiel. So sind denn unsere Dienstverweigerer die schweizerischen Dissidenten. Sie erreichten bisher nichts. Nun, ich will als Schweizer militärisch nicht auftrumpfen, die Hussitenkriege unter dem blinden Feldherrn Žiška brachten Europa ins Schlottern, zugegeben, aber schon mehr als hundert Jahre bevor Hus in Gottlieben eingekerkert und in Konstanz verbrannt wurde, besiegte der Aargauer Rudolf von Habsburg am 28. August 1278 bei Dürnkrut auf dem Marchfeld mit seinen Schweizern König Ottokar II. von Böhmen, das 1526 für fast vierhundert Jahre endgültig unter die Herrschaft der Habsburger fiel, der erfolgreichsten Auslandschweizerfamilie, gegen deren Rückkehr ins Heimatland wir uns siegreich gewehrt hatten – man denke nur an Morgarten und Sempach. Leitete der Zusammenbruch der alten Eidgenossenschaft 1798 die Entstehung der neuen Eidgenossenschaft ein, so ging aus dem Ersten Weltkrieg 1918 die moderne Tschechoslowakei hervor. Beide Staaten sind Resultate einer Niederlage. Wir der eigenen, die Tschechoslowakei jener von Österreich-Ungarn. Dann kam Hitler. Im Berner Münster fand ein Dankgottesdienst statt, als die Großmächte 1938 die Tschechoslowakei im Stich ließen. Diese wehrte sich nicht, das Sudetenland wurde besetzt und wenig später die Tschechei in ein Protektorat und die Slowakei in einen Vasallenstaat verwandelt. Die Frage stellt sich, ob die Schweiz sich in gleicher Lage gewehrt hätte. Die Frage ist unbeantwortbar. Sie kam nie in diese Lage. Sie war für die Tschechen katastrophal, man denke nur an Lidice – sie mußten für Hitler arbeiten, und die Juden wurden vergast. Wir wurden nicht angegriffen, mußten jedoch auch für Hitler arbeiten, und die Juden, die wir an der Grenze zurückwiesen, wurden auch vergast. Nach dem Krieg fiel die Tschechoslowakei Stalin zum Opfer und der Politik seiner Nachfolger, nach der DDR und Ungarn wurde auch in diesem Land der Versuch, den Kommunismus menschlich zu gestalten und zu reformieren, gewaltsam verhindert. Sie, Václav Havel, schrieben darüber in Ihrem Essay *Ereignis und Totalität:* »In den fünfziger Jahren gab es in unserem Land riesige Konzentrationslager und darin Zehntausende unschuldiger Menschen. Auf den Baustellen der Jugend drängten sich dabei Zehntausende von Begeisterten des Neuen Glaubens und sangen Aufbaulieder. Es wurde gefoltert und hingerichtet, dramatisch über die Grenze geflohen, konspiriert – und zugleich Feiergedichte auf den Haupt-Diktator geschrieben. Der Präsident der Republik unterschrieb die Todesurteile seiner nächsten Freunde, doch war es eigenartigerweise möglich, ihm hin und wieder auf der Straße zu begegnen. Der Gesang der Idealisten und Fanatiker, das Toben der politischen Verbrecher und Leiden der Helden gehört seit Menschengedenken zur Geschichte. Die fünfziger Jahre waren zwar eine böse Zeit, doch solche hat es in der Menschheitsgeschichte häufig gegeben. Immer noch konnte man sie diesen Zeiten zuordnen oder zumindest mit ihnen vergleichen; immer noch erinnerte sie irgendwie an Geschichte. Ich würde nicht wagen zu behaupten, in dieser Zeit sei nichts geschehen oder sie habe das Ereignis nicht gekannt. Das grundlegende programmatische Dokument der politischen Macht, die nach der sowjetischen Invasion im Jahre 1968 in der Tschechoslowakei installiert wurde, hieß *Belehrung aus den Krisenjahren.* Darin war etwas Symbolisches: diese Macht hat sich wirklich belehrt. Sie hat gemerkt, wohin es führen kann, wenn der Pluralität der Ansichten und Interessen das Tor auch nur einen Spaltbreit geöffnet wird: zur Bedrohung ihres totalitären Wesens selbst. So belehrt, verzichtete sie auf alles außer der Erhaltung ihrer selbst: alle Mechanismen der direkten und indirekten Manipulation des Lebens begannen in einer Art Eigendynamik sich in bisher ungekannte Formen auszuwachsen; nichts durfte mehr dem Zufall überlassen bleiben. Die letzten neunzehn Jahre in der Tschechoslowakei können fast als Schulbeispiel für ein ausgereiftes oder spättotalitäres System dienen: revolutionäres Ethos und Terror wurden abgelöst von dumpfer Unbeweglichkeit, alibistischer Vorsicht, bürokratischer Anonymität und geistlosem Stereotyp, deren einziger Sinn darin besteht, immer vollkommener zu dem zu werden, was sie sind. Der Gesang der Begeisterten und das Klagen der Gefolterten sind verklungen; die Rechtlosigkeit hat sich Seidenhandschuhe angezogen und ist aus den berüchtigten Folterkammern umgezogen in die gepolsterten Büros der Bürokraten. Den Präsidenten der Republik kann man höchstens einmal hinter den Panzerglasscheiben seines Autos erblicken, wenn er, umgeben von einem Polizeikonvoi, zum Flugplatz rast, um Oberst Ghadafi willkommen zu heißen. Das spättotalitäre System stützt sich so auf raffinierte, komplexe und mächtige Manipulationsinstrumente, daß es Mörder und Ermordete nicht nötig hat. Um so weniger benötigt es eifernde Erbauer von Utopien, die mit ihren Träumen von einer besseren Zukunft Unruhe stiften. Der Begriff ›real existierender Sozialismus‹, den sich diese Ära für sich selbst ausgedacht hat, deutet an, für wen darin kein Platz ist: für Träumer.« Und wenn Sie, Václav Havel, nun als Staatspräsident, in Ihrer Neujahrsansprache

1990 auf den Inhalt Ihrer Träume näher eingingen und ausführten: »Vielleicht werden Sie fragen, von welcher Republik ich träume. Ich antworte Ihnen: von einer selbständigen, freien, demokratischen, wirtschaftlich prosperierenden und zugleich sozial gerechten Republik, kurz gesagt von einer menschlichen Republik, die dem Menschen dient und deshalb die Hoffnung hat, daß der Mensch auch ihr dienen wird. Von einer Republik allseitig gebildeter Menschen, weil ohne sie keines unserer Probleme gelöst werden kann, sei es menschlich, ökonomisch, ökologisch, sozial oder politisch«, so träumen viele Schweizer, daß sie in einer solchen Republik leben, gewissermaßen im Traum, den Sie, Václav Havel, träumen. Doch die Wirklichkeit, in der die Schweizer träumen, ist anders. Als Dramatiker, lieber Václav Havel, haben Sie die Wirklichkeit, in der Sie gelebt haben, bevor der politische Dogmatismus zusammenbrach, in Bühnenstücken dargestellt, die viele Kritiker zum absurden Theater zählen. Für mich sind diese Stücke nicht absurd, nicht sinnlos, sondern tragische Grotesken, ist doch das Groteske der Ausdruck der Paradoxie, der Widersinnigkeit, die entsteht, wenn eine an und für sich vernünftige Idee, wie sie der Kommunismus darstellt – läßt sich eine gerechtere Gesellschaftsordnung denken –, in die Wirklichkeit verpflanzt wird – auch das Urchristentum war schließlich kommunistisch, und was ist aus dem Christentum geworden? Durch den Menschen wird alles paradox, verwandelt sich der Sinn in Widersinn, Gerechtigkeit in Ungerechtigkeit, Freiheit in Unfreiheit, weil der Mensch selber ein Paradoxon ist, eine irrationale Rationalität. So läßt sich Ihren tragischen Grotesken auch die Schweiz als Groteske gegenüberstellen: als ein Gefängnis, als ein freilich ziemlich anderes, als es die Gefängnisse waren, in die Sie geworfen wurden, lieber Havel, als ein Gefängnis, wohinein sich die Schweizer geflüchtet haben. Weil alles außerhalb des Gefängnisses übereinander herfiel und weil sie nur im Gefängnis sicher sind, nicht überfallen zu werden, fühlen sich die Schweizer frei, freier als alle andern Menschen, frei als Gefangene im Gefängnis ihrer Neutralität. Es gibt nur eine Schwierigkeit für dieses Gefängnis, nämlich die, zu beweisen, daß es kein Gefängnis ist, sondern ein Hort der Freiheit, ist doch von außen gesehen ein Gefängnis ein Gefängnis und seine Insassen Gefangene, und wer gefangen ist, ist nicht frei: Als frei gelten für die Außenwelt nur die Wärter, denn wären diese nicht frei, wären sie ja Gefangene. Um diesen Widerspruch zu lösen, führten die Gefangenen die allgemeine Wärterpflicht ein: Jeder Gefangene beweist, indem er sein eigener Wärter ist, seine Freiheit. Der Schweizer hat damit den dialektischen Vorteil, daß er gleichzeitig frei, Gefangener und Wärter ist. Das Gefängnis braucht keine Mauern, weil seine Gefangenen Wärter sind und sich selber bewachen, und weil die Wärter freie Menschen sind, machen sie auch unter sich und mit der ganzen Welt Geschäfte, und wie! und weil sie wiederum Gefangene sind, können sie nicht der UNO beitreten, und die Europäische Wirtschaftsgemeinschaft bereitet ihnen Sorgen. Wer dialektisch lebt, kommt in psychologische Schwierigkeiten. Weil auch die Wärter Gefangene sind, kann unter ihnen der Verdacht aufkommen, sie seien Gefangene und nicht Wärter oder gar frei, weshalb die Gefängnisverwaltung Akten von jedem anlegen ließ, von dem sie vermutete, er fühle sich gefangen und nicht frei, und weil sie das bei vielen vermutete, legte sie einen Aktenberg an, der sich, je weiter man forschte, als ein ganzes Aktengebirge erwies, hinter jedem Aktenberg tauchte ein neuer auf. Aber weil das Aktengebirge nur im Fall verwendet werden sollte, wenn das Gefängnis angegriffen würde, und da es nie angegriffen wurde, fühlten sich die Wärter, als sie von den Akten erfuhren, die über sie erstellt worden waren, plötzlich als Gefangene und nicht frei, sie fühlten sich so, wie die Gefängnisverwaltung nicht wollte, daß sie sich fühlten. Um sich aber wieder frei fühlen zu können und als Wärter und nicht gefangen, verlangten die Gefangenen von der Gefängnisverwaltung Aufschluß darüber, wer die Akten angelegt hatte. Aber da das Aktengebirge so gewaltig ist, kam die Gefängnisverwaltung zum Entschluß, daß es sich selber angelegt hatte. Wo alle verantwortlich sind, ist niemand verantwortlich. Die Furcht, im Gefängnis nicht sicher zu sein, hat das Aktengebirge hervorgebracht. Die Furcht ist nicht unbegründet. Wer möchte in einem Gefängnis, worin man frei ist, nicht Gefangener sein, und so ist das Gefängnis eine Weltattraktion geworden, viele versuchen Gefangene zu werden, was sie dürfen, wenn sie über die nötigen Mittel verfügen, die Freiheit ist schließlich etwas Kostbares, während die Unbemittelten womöglich im Gefängnis jene Sicherheit suchen könnten, die nur den freien Gefangenen zusteht, und wieder werden viele zurückgewiesen. Die Gefängnisverwaltung ist nicht zu beneiden. Einerseits gibt es zuwenig freie Gefangene, um das Gefängnis sauberzuhalten, die Luxuszellen, die Korridore, ja um die Gitter zu putzen, so daß von außen solche ins Gefängnis gelassen werden müssen, die, bloß um Geld zu verdienen, das Gefängnis renovieren, restaurieren, umbauen und in Gang halten, auf die wiederum jene Gefangenen, die zwar auch Geld verdienen, aber frei sind, wie auf Gefangene hinunterblicken, die nicht frei sind. Andererseits muß jedes Gefängnis etwas bewachen, aber wenn die Gefangenen als Wärter sich selber bewachen, geht der Verdacht um, daß die Wärter noch etwas anderes bewachen als sich selber, weshalb die Meinung immer stärker wird, der eigentliche Sinn des Gefängnisses liege nicht darin, die Freiheit der Gefangenen, sondern das Bankgeheimnis zu bewachen. Wie es auch sei, das Gefängnis prosperiert, und seine Geschäfte sind mit den Geschäften außerhalb seiner derart verfilzt, daß nach und nach Zweifel aufkommen, ob das Gefängnis überhaupt noch existiert, es ist ein Phantomgefängnis geworden. Um seine und damit ihre Realität zu beweisen, gibt die Gefängnisverwaltung für die Wärter, die ihre eigenen Gefangenen sind, Milliarden von Schweizerfranken für immer modernere Waffen aus, die wieder veralten und wieder neue nötig machen, ohngeachtet der Wahrscheinlichkeit, daß ein Krieg den Untergang dessen bedeuten würde, was sie zu verteidigen sucht. Sie leistet sich die Utopie, die Strategie der Nibelungen gewähre in einer technischen Welt der wachsenden Katastrophenanfälligkeit eine absolute Sicherheit, statt zur Einsicht zu gelangen, gerade das Gefängnis Schweiz könne sich die Kühnheit leisten, seine Wärter abzuschaffen im Vertrauen darauf, seine Gefangenen seien nicht Gefangene, sondern frei, was freilich bedeuten würde, daß die Schweiz kein Gefängnis mehr wäre, sondern ein Teil Europas, eine seiner Regionen, wie ja überhaupt Europa trotz des Schocks der deutschen Vereinigung in seine Regionen zu zerfallen beginnt. So ist denn das Gefängnis in Verruf geraten. Es zweifelt an sich selber. Die Gefängnisverwaltung, die alles gesetzlich zu regeln versucht, behauptet, das Gefängnis befinde sich in keiner Krise, die Gefangenen seien frei, insofern sie echte gefängnisverwaltungstreue Gefangene seien, während viele Gefangene der Meinung sind, das Gefängnis befinde sich in einer Krise, weil die Gefangenen nicht frei seien, sondern Gefangene, eine interne Gefängnisdiskussion, die nur Verwirrung stiftet, weil die Gefängnisverwaltung sich anschickt, die angebliche Gefängnisgründung vor siebenhundert Jahren zu feiern, wenn auch damals das Gefängnis kein Gefängnis war, sondern ein gefürchtetes Raubnest. Nun wissen wir nicht, was wir feiern sollen, das Gefängnis oder die Freiheit. Feiern wir das Gefängnis, fühlen sich die Gefangenen gefangen, und feiern wir die Freiheit, so wird das Gefängnis überflüssig. Weil wir aber nicht ohne Gefängnis zu leben wagen, werden wir wieder einmal unsere Unabhängigkeit feiern, denn im unabhängigen Gefängnis unserer Neutralität ist es von außen für niemand auszumachen, ob wir gefangen oder frei sind. Kriege und Okkupationen können überstanden werden, wenn auch unter großen Opfern, die ich keinem wünsche, aber Ihr Land, und nicht zuletzt Sie, lieber Havel, haben es bewiesen, während wir Schweizer mit einem Widerstand, der nicht geprüft wurde, nichts bewiesen haben und beweisen. Es ist ein merkwürdiges Gefühl, lieber Havel, das mich befiel, als ich an dieser Rede schrieb, und das mich nun befällt, während ich sie halte. Es ist viel Verlegenheit in diesem Gefühl, denn allzuleicht können Sie nun als Beweis mißbraucht werden, daß unsere westliche Welt in Ordnung sei, daß es nichts Größeres gebe als die Freiheit. Man unterschlägt allzugern, was Sie in Ihrem Essay *Versuch, in der Wahrheit zu leben* geschrieben haben: »Es sieht nicht so aus, als ob die traditionellen parlamentarischen Demokratien ein Rezept zu bieten hätten, wie man sich grundsätzlich der ›Eigenbewegung‹ der technischen Zivilisation, der Industrie- und Konsumgesellschaft widersetzen könnte. Auch sie befinden sich in ihrem Schlepptau und sind ihr gegenüber ratlos. Nur ist die Art, wie sie den Menschen manipulieren, unendlich feiner und raffinierter als die brutale Art des posttotalitären Systems. Aber dieser ganze statische Komplex der erstarrten, konzeptionslosen und politisch nur noch zweckbedingt handelnden politischen Massenparteien, die von professionellen Apparaten beherrscht werden und den Bürger von jeglicher konkreter und persönlicher Verantwortung entbinden, diese ganzen komplizierten Strukturen der versteckt manipulierenden und expansiven Zentren der Kumulation des Kapitals, dieses allgegenwärtige Diktat des Konsums, der Produktion, der Werbung, des Kommerzes, der Konsumkultur, diese ganze Informationsflut – all dies, schon so oft analysiert und beschrieben, kann man wahrhaftig nur schwer als eine Perspektive, als einen Weg betrachten, auf dem der Mensch wieder zu sich selbst findet.« Es tut gut, sich diese Sätze über unsere westliche Freiheit genau einzuprägen, um so mehr, als sie aus dem

Kerker des dogmatischen realexistierenden Sozialismus kommen. Gewiß, wir rühmen uns unserer direkten Demokratie, gewiß, wir haben die Alters- und Hinterbliebenenversicherung und sogar das Frauenstimmrecht zur Verwunderung der Welt doch noch eingeführt, und privat sind wir versichert gegen Tod, Krankheit, Unfall, Einbruch und Brand: wohl dem, dessen Haus abbrennt. Die Politik hat sich auch bei uns aus der Ideologie in die Wirtschaft verzogen, ihre Fragen sind wirtschaftliche Fragen. Wo darf der Staat eingreifen, wo nicht, wo subventionieren, wo nicht, was besteuern, was nicht? Die Löhne, die Freizeit werden durch Verhandlungen bestimmt. Der Friede droht gefährlicher zu werden als der Krieg. Ein grausamer, aber kein zynischer Satz. Unsere Straßen sind Schlachtfelder, unsere Atmosphäre den Giftgasen ausgesetzt, unsere Ozeane Ölpfützen, unsere Äcker von Pestiziden verseucht, die Dritte Welt geplündert, schlimmer noch als einst das Morgenland von den Kreuzrittern, kein Wunder, daß es uns jetzt erpreßt. Nicht der Krieg, der Friede ist der Vater aller Dinge, der Krieg entsteht aus dem nicht bewältigten Frieden. Der Friede ist das Problem, das wir zu lösen haben. Der Friede hat die fatale Eigenschaft, daß er den Krieg integriert. Die Antriebskraft der freien Marktwirtschaft ist der Konkurrenzkampf, der Wirtschaftskrieg, der Krieg um Absatzmärkte. Die Menschheit explodiert wie das Weltall, worin wir leben, wir wissen nicht, wie es sein wird, wenn zehn Milliarden Menschen die Erde bewohnen. Die freie Marktwirtschaft funktioniert unter dem Primat der Freiheit, vielleicht wird dann die Planwirtschaft unter dem Primat der Gerechtigkeit funktionieren. Vielleicht kam das Experiment Marxismus zu früh. Was kann der Einzelne tun? Was also nun? fragen auch Sie, Václav Havel. Der Einzelne ist ein existentieller Begriff, der Staat, die Institutionen, die Wirtschaftsformen allgemeine Begriffe. Die Politik hat mit dem Allgemeinen, nicht mit dem Existentiellen zu tun, aber muß sich an den Einzelnen wenden, um wirksam zu werden. Der Mensch ist mehr irrational als rational, seine Emotionen wirken auf ihn stärker als seine Ratio. Das nützt die Politik aus. Nur so ist der Siegeszug der Ideologien in unserem Jahrhundert zu erklären, das Appellieren an die Vernunft ist wirkungslos, besonders wenn eine totalitäre Ideologie die Maske der Vernunft trägt. Der Einzelne muß zwischen dem Menschenunmöglichen und dem Menschenmöglichen unterscheiden. Die Gesellschaft kann nie gerecht, frei, sozial sein, sondern nur gerechter, freier, sozialer werden. Was der Einzelne fordern darf und nicht nur darf, sondern auch muß, ist das, was Sie gefordert haben, Václav Havel, die Menschenrechte, das tägliche Brot für jeden, die Gleichheit vor dem Gesetz, Meinungsfreiheit, Versammlungsfreiheit, Transparenz, die Abschaffung der Folter usw., all das sind keine Utopien, sondern Selbstverständlichkeiten, Attribute des Menschen, Zeichen seiner Würde, Rechte, die den Einzelnen nicht vergewaltigen, sondern sein Zusammenleben mit den andern Einzelnen ermöglichen, Rechte als Ausdruck der Toleranz, Verkehrsregeln, um es grob zu sagen. Allein die Menschenrechte sind existentielle Rechte, jede ideologische Revolution zielt auf deren Abschaffung und fordert einen neuen Menschen. Wer hat ihn nicht schon gefordert.

Lieber Václav Havel, Ihre Aufgabe als Staatspräsident fällt mit der Aufgabe Václav Havels als Dissident zusammen. Sehr geehrter Herr Staatspräsident, Sie sind hier unter Schweizern, Schweizer haben Sie begrüßt, der schweizerische Bundespräsident hat Sie empfangen, ein schweizerischer Alt-Bundesrat die Laudatio gehalten, und ich, ein Schweizer, habe auch geredet, denn man redet viel in der Schweiz. Was sind wir Schweizer für Menschen? Vom Schicksal verschont zu werden ist weder Schande noch Ruhm, aber es ist ein Menetekel. Platon erzählt gegen Ende seiner *Politeia,* daß nach dem Tode die Seele eines jeden das Los zu einem neuen Leben wählen müsse: »Zufällig aber habe die Seele des Odysseus das allerletzte Los erhalten und sei nun herangetreten, um zu wählen. Da sie aber in Erinnerung an ihre früheren Mühsale allen Ehrgeiz aufgegeben hatte, sei sie lange Zeit herumgegangen und habe das Leben eines zurückgezogenen, geruhsamen Mannes gesucht und gerade noch irgendwo eines gefunden, das die anderen unbeachtet hatten liegen lassen. Und als sie dies entdeckt hatte, habe sie gesagt, sie würde ebenso gehandelt haben, wenn sie das erste Los bekommen hätte, und habe es mit Freude gewählt.« Ich bin sicher, Odysseus wählte das Los, ein Schweizer zu sein.

Michael Haller

»In der Schweiz bewacht jeder sich selbst«

Ein Gespräch mit FD

HALLER Das aktuelle Zeitgeschehen liefert Material für uns Journalisten, aber auch für die Schriftsteller. Lassen Sie uns zu Beginn dieses Interviews über die Grenzen blicken. Der Niedergang des Bolschewismus, die überraschende Vereinigung der beiden Deutschland – und jetzt die in diesen Tagen sich zuspitzende Krise am Golf: Wie gefällt Ihnen das aktuelle weltpolitische Theater?

FD Ich finde es mehr und mehr grotesk. Und immer unberechenbarer. Zum Beispiel Michail Gorbatschow: Vor kurzem noch hat Reagan in ihm den Diktator über das ›Reich des Bösen‹ gesehen. Inzwischen ist er Friedensnobelpreisträger. Zur gleichen Zeit geht es seinen Landsleuten so schlecht wie seit 60 Jahren nicht mehr. Es ist grotesk, wie die kommunistische Partei, die doch die Weltrevolution feiern wollte, ohne

Feind von außen auseinanderfällt. Die Welt, wie ich sie heute sehe, zerfällt immer mehr in Reich und Arm. Und diesen Gegensatz gibt es nicht nur zwischen Norden und Süden. Es gibt ihn auch zwischen West und Ost. Und auch in den USA. Die haben sich mit dem Wettrüsten so hoch verschuldet. Man sagt, die amerikanische Politik ist heute von ausländischen Banken abhängig. Dadurch wird das außenpolitische Geschäft immer unberechenbarer. Niemand wagt heute, sechs Wochen vor Ablauf des Ultimatums der UNO gegenüber dem Irak, eine zuverlässige Prognose, ob in sechs Wochen am Persischen Golf Krieg sein wird oder Frieden.

HALLER Man könnte meinen, die reale Welt wolle ein Stück von Dürrenmatt inszenieren, der unsere Welt am liebsten als ein Irrenhaus zeigt, in dem es Mord und Totschlag gibt, 1962 in den *Physikern* und 1988 in seinem letzten Stück, *Achterloo [IV]*. Auch die Hauptpersonen der Weltpolitik reden anders, als sie denken, und sie denken anders, als sie handeln – ähnlich grotesk wie Ihre erfundenen Figuren.

FD Ich hab gelegentlich den Eindruck, die Welt spielt ein noch viel verrückteres Theater. Man weiß nicht, ob Pakistan und Indien die Atombombe haben. Früher oder später wird man sie haben. Der Gedanke ist ungeheuerlich: Atomwaffen in den Händen unberechenbarer Drittwelt-Potentaten. Oder die durch die Technik in Gang gesetzte Zerstörung der Natur, also der Umwelt des Menschen. Diese Prozesse laufen verrückt ab, sie sind absurd, weil die Menschen die Entwicklung beschleunigen, sie aber aufhalten wollen.

HALLER Das real existierende Welttheater …

FD Natürlich, es hat mit seinen Paradoxien mein Bühnentheater schon lange überholt. Ich bin froh, daß ich vor vier Jahren beschlossen habe, kein Bühnenstück mehr zu schreiben. Ich habe damals gesagt, die Perspektive der Menschheit sei ungeheuer apokalyptisch geworden.

HALLER Es gibt aber auch Zeichen der Hoffnung. In Mittel- und Westeuropa immerhin scheint sich die politische Lage derzeit zu stabilisieren. In dieser Region hat die militärische Bedrohung und damit die Unberechenbarkeit abgenommen.

FD Sind Sie sicher? Das Wohlstandsgefälle von West nach Ost wächst. Und es wirkt sich eher destabilisierend aus. Wir erwarten eine ungeheure Völkerwanderung aus dem Osten. Niemand glaubt, daß die Tschechen, daß die Österreicher, daß die Deutschen und die Schweizer das Millionenheer aus Rußland bei sich aufnehmen werden. Der Flüchtlingsstrom wird unvorhersehbare Folgen haben. Und die osteuropäischen Länder drängen in die EG. Eines Tages wird auch Rußland ein EG-Mitglied sein wollen.

HALLER Und doch waren in Europa die Chancen der friedlichen Bewältigung noch nie so groß. Das vom engstirnigen Nationalismus losgelöste Westeuropa schwelgt im Wohlstand. Die europäische Einigung entwickelt eine integrierende Kraft, die so stark geworden ist, daß selbst die Eiserne Lady Thatcher kapitulieren mußte.

FD Trotzdem sind nicht einmal im Hinblick auf die europäische Einigung zuverlässige Prognosen möglich. Wir wissen nicht, was geschehen wird, wenn die westliche Wirtschaft ihre nächste Konjunkturkrise durchmachen wird. Die Welt des 20. Jahrhunderts ist unberechenbar und unplanbar geworden. Zum Problem Prognose nur dieses: Wer hat am Ende des Zweiten Weltkriegs prophezeit, daß die beiden Kriegsverlierer Japan und Deutschland 40 Jahre später Wirtschaftssupermächte sein werden, die dem hoch verschuldeten Amerika helfen müssen? Heute ist doch Deutschland der Gewinner des Zweiten Weltkriegs.

HALLER Wird das neue große Deutschland unberechenbarer? In Ihrem autobiographisch angelegten Buch *Labyrinth [Stoffe I–III]* haben Sie vor zehn Jahren Hitlers Großdeutschland mit einer Supernova verglichen, einer explodierenden Supersonne, die alle ihre Planeten verbrennt, ehe sie in sich zusammensackt und wie ein Riesenschrotthaufen ausglüht. Fürchten Sie als Schweizer nicht abermals eine Supernova, die Ihr Land versengen könnte?

FD Ich gebrauchte das Bild der Supernova für das damalige Japan und für das Großdeutschland der Nazis. Beide hatten gewisse Ähnlichkeiten. Zum Beispiel die Ideologie der Herrenrasse, den Wunsch nach Ausdehnung – man hatte das Gefühl des unzureichenden Raumes – und dann den Traum der Autarkie. Und beide waren fest entschlossen, sich mit militärischen Mitteln gegen ihre Nachbarn auszudehnen. Diese Gefahr kann ich heute in Europa und Japan nicht erkennen. Und die militärische Bedrohung hat sich zum Nord-Süd-Konflikt verschoben. Mich ängstigt mehr, was in Nahost passieren wird. Wenn Israel angegriffen würde und es tatsächlich die Atombombe besitzt. Oder dieser unerbittliche Religionskrieg des Islam. Was ist, wenn der eines Tages mit Atomwaffen ausgetragen wird?

HALLER Ganz so entspannt wirkt das europäische Klima derzeit nicht. Die dominierende Wirtschaftskraft des neuen Deutschland verängstigt verschiedene Nachbarn. Aus dem einstigen Kriegs- ist ein Wirtschaftstheater geworden.

FD Ja, da können wir kleinen Schweizer nur staunen: Westdeutschland hat die Freigabe der DDR, es hat sich seine Ostgebiete regelrecht erkauft. Es ist auch grotesk, daß die UdSSR die DDR verkaufen mußte, ihr einstiges Renommierstück, die sozialistische DDR, für – ich glaube – 15 oder 16 Milliarden Mark. Darin kann man eine neue Form der Kriegsführung sehen, das ist doch paradox. Westdeutschland hat einen militärischen Krieg gar nicht nötig. Der Bundeskanzler zückt einfach sein Scheckbuch. Vielleicht zücken die deutschen Politiker eines Tages auch in Warschau das Scheckbuch und kaufen sich ein Stück von Polen, die ehemals deutschen Gebiete, zurück.

HALLER Schöne Aussichten! Mir scheint,

der Schriftsteller Dürrenmatt kommt in Fahrt, das aktuelle Welttheater beflügelt seine dramaturgischen Phantasien, von denen wir nicht wissen, ob und wann vielleicht auch sie von den Realitäten eingeholt werden. Wenn wir weiter phantasieren: Wie geht das Politik-Theater weiter?

FD Doch, ich sehe die alte Welt in einem erbittert geführten Wirtschaftskrieg. Jeder spielt seine besondere Rolle. In der Mitte der Bühne sieht man Europa, sieht man die Westeuropäer; die Wortführer sind jetzt die Deutschen. Sie beraten den nächsten strategischen Zug im Wirtschaftskrieg gegen Amerika und Japan. Zur selben Zeit schimpfen auf der linken Bühnenseite die Politiker in den USA über ihre Wirtschaftsbosse. Die haben ihre Taschen prall gefüllt mit den Gewinnen. Die hätten sie wieder investieren sollen, damit die Wirtschaft konkurrenzfähig bleibt. Das haben sie aber nicht gemacht; dadurch ist die US-Wirtschaft so geschwächt, daß auf der rechten Seite der Weltbühne die Japaner voll in den Angriff gehen können. Sie überschütten die USA mit immer neuen Konsumwaren. Alle sputen sich, den Krieg zu gewinnen. Niemand weiß, wie lange es dauern wird, bis auch Osteuropa in die Konsumgüterproduktion einsteigt und die Fronten durcheinanderbringt. Sicher ist, dieses Bühnenstück läuft chaotisch ab. Wir sind in einem Zustand absoluter Unplanbarkeit.

HALLER Auf der politischen Weltbühne protzen die Deutschen vorerst tatsächlich nur mit ihrer Wirtschaftskraft, politisch halten sie sich zurück. Aber ob das so bleiben wird? Sie besitzen ein sehr feines Gehör für falsche Töne. Wie erleben Sie Ihre Nachbarn im Norden: Ist die Deutschtümelei vergangener Zeiten im geeinten Europa endgültig überwunden?

FD Ich bin mir nicht so sicher. Wir Schweizer reagieren vielleicht besonders sensibel. Aber man kann sehen, daß viele Deutsche sich auf eine merkwürdige Weise zunehmend nationalistisch geben. Zum Beispiel das Riesentheater, das alle vier Jahre als Fußball-Weltmeisterschaft gespielt wird: Natürlich ist heute Sport das wichtigste Mittel, um so etwas wie ein nationales Bewußtsein zu wecken. Und der Nationalsport nimmt in den deutschen Medien einen erschreckend bedeutenden Platz ein.

Im vergangenen Sommer in Italien haben die deutschen Sportler – als einzige Mannschaft – offiziell ihre Nationalhymne mitgesungen. Stellen Sie sich das vor: Da stehen elf schwerreiche Profis auf dem Rasen, manche wohnen in Monaco, andere in Liechtenstein; sie haben gewonnen, weil sie besonders hohe Gagen bekommen. Und mit der Gage haben sie sich verpflichtet, die Nationalhymne zu singen. Das ist eine ungeheure Groteske.

HALLER Solche Fetische der nationalen Eitelkeit werden jetzt auf der großen neudeutschen Bühne wohl vielleicht noch deutlicher zu sehen sein. Mit dem Niederreißen der äußeren Grenzen, so steht zu befürchten, werden neue Grenzen in den

Köpfen der Menschen errichtet. Der Volksmund nennt das Borniertheit.

FD Ich mache keinen Hehl daraus, daß mir die alte Ordnung mit den beiden Deutschland wesentlich besser gefallen hat. Natürlich hatten die Ostdeutschen in der DDR ein viel besseres, ein demokratisches System verdient. Ich habe aber nicht verstanden, warum nun unbedingt *politisch* zusammenwachsen soll, was geschichtlich zusammengehört. Ich verstand die DDR immer als einen Nachfolgestaat Preußens. Warum sollte der nicht fortbestehen mit einer demokratischen Regierung und mit einer anderen Wirtschaft?

Mich stört es überhaupt nicht, daß der deutsche Sprachraum aus vielen verschiedenen Staaten zusammengesetzt ist. Ich habe immer einen Vorteil darin gesehen. Die verschiedenen kleinen Volksbühnen der Vielstaaterei gehören im Grunde zur deutschen Tradition – und nicht der Einheitsstaat. Natürlich kann die riesige Bühne des neuen deutschen Großstaates manchen Politikdarsteller zu imposanten Posen verleiten – oder zu tragischen. Die Grenzenlosigkeit war immer eine Neigung der Deutschen. Aber wenn sie ihre Grenzen nicht spüren, spielen sie schlechtes Theater. Für uns Schweizer ist Föderalismus und Kleinstaaterei das Normale. Beides sind wirksame Mittel der Machtbegrenzung. Warum wird in Deutschland die Macht entgrenzt? Das ist rational schwer zu begreifen.

HALLER Damit sind wir bei den kleinräumigen Grenzen. Während Sie im Januar Ihren 70. Geburtstag feiern, inszeniert die offizielle Schweiz das 700. Jahr ihres Bestehens: Mit vielen Veranstaltungen soll 1991 das Schweizerische gefeiert werden. Wieso braucht ein Kleinstaat, der Politik stets nur als Dienstleistung verstand, solch ein pathetisch intoniertes Theater?

FD Die Inszenierung dieser sogenannten 700 Jahr-Feier wird eine Groteske, weil die Schweiz in einer tiefen Identitätskrise steckt: Die Schweiz ist nicht mehr das, was sie war. Und auch nicht das, für was die Schweizer sie halten.

HALLER Sie haben Ende November in Ihrer Rede zu Ehren des tschechoslowakischen Staatsgastes Václav Havel, *Die Schweiz – ein Gefängnis,* ausgerechnet die Schweiz mit einem Gefängnis verglichen, in dem die Schweizer als Gefangene freiwillig lebten. Wie meinen Sie das?

FD Bei der Feier zu Ehren Havels waren die Bundesräte da. Der Exbundesrat Furgler hatte zuvor eine sehr pathetische Rede gehalten. Er lobte die Tschechoslowakei: Die sei jetzt so geworden, wie die Schweiz schon immer gewesen sei. Ich hielt die Schlußrede. Ich gratulierte Havel zum Gottlieb-Duttweiler-Preis, eine Art Schweizer Tapferkeitspreis. Aber leider sei er nicht umkehrbar: Für die Schweizer Dissidenten, die Dienstverweigerer, gebe es keinen Václav-Havel-Preis, obwohl sie für ihre Zivilcourage ins Gefängnis müßten. Dann sagte ich, Havel habe als Schriftsteller bittere Grotesken geschrieben, früher, über den sozialistischen Alltag in der Tschechoslowakei. Man könne aber auch die blühende Schweiz als Groteske darstellen. Die Schweizer gäben sich nämlich eingeschlossen, als säßen sie in einem Gefängnis, in das sie hineingeflüchtet seien, aus Angst, draußen überfallen zu werden. Um sich nun zu beweisen, daß sie freiwillig in ihrem Gefängnis säßen, habe jeder Schweizer auch noch die Rolle des Gefangenenwärters übernommen: In der Schweiz bewacht jeder sich selbst.

HALLER Dies scheint ein Dürrenmattsches Gleichnis zu sein, das einmal mehr die Menschen in einer paradoxen, im Grunde widersinnigen Lebenslage zeigt. Was liegt diesem Bild an faktischen Erlebnissen zugrunde?

FD Nehmen Sie den jüngsten Skandal, die sogenannte Fichen-Affäre*. Ausgerechnet in dem Land, das von sich behauptet, die älteste Demokratie zu sein; in dem Land, das die direkte Beteiligung des Volkes an der politischen Macht eingeführt hat; das

Land, das jede fremde Vormacht frühzeitig abgeschafft und das Milizwesen eingeführt hat: ausgerechnet in der Schweiz hat die politische Polizei während Jahrzehnten ein ungeheures Geheimarchiv angelegt. Dort sind weit mehr als eine Viertelmillion Schweizer Bürger registriert worden. Und das alles bei nur sechs oder sechseinhalb Millionen Einwohnern. Man muß sich das vorstellen! Das war eine flächendeckende Überwachung, ganz ähnlich wie sie der ›Stasi‹ im totalitären Einheitsstaat DDR besorgte – mit dem vielleicht beruhigenden Unterschied, daß die Schweizer Schnüffler viel dilettantischer arbeiteten. Das habe ich alles vor Herrn Havel ausgebreitet.

Dieser Fichen-Skandal ist zum Vorschein gekommen im Zusammenhang mit einem anderen Skandal, mit der Kopp-Affäre: Eine Bundesrätin – unsere erste! – nutzte ihre Stellung als Justizministerin, um ihren in eine dunkle Geldschieberaffäre verwickelten Ehemann zu warnen. Auch diese Affäre widerspricht radikal dem Selbstbildnis der Schweizer. Wir sehen uns immer als einen …

HALLER Als was möchten sich die Schweizer heute sehen?

FD Die Schweizer sehen sich als *das* Volk mit der politischen Tugend. Aber sie täuschen sich. Ich sagte in meiner Rede, die Schweiz werde sich 1991 selber feiern als ein Gefängnis mit dem Namen Neutralität. Denn sie wagt es nicht, außenpolitisch Verantwortung zu übernehmen: Sie will nicht in die EG eintreten, sie gehört nicht der UNO an. Sie weiß nicht, wo sie hingehört. Also wird sie sich mal wieder als ›unabhängig‹ feiern. Die Bundesräte fanden meine Rede einen Riesenskandal. Sie waren verrückt auf mich. Offiziell wurde nichts gesagt, man wollte sich vor dem Gast aus der Tschechoslowakei nicht blamieren. Aber hinter der vorgehaltenen Hand wurde geschumpfen. Die Bundesräte haben sich von mir nicht verabschiedet, so wütend waren sie.

Ich meine, zum ersten Mal begreifen viele Schweizer, daß auch ihr Staat seine ganze Macht gegen die eigenen Bürger einsetzen kann, ohne einen äußeren Grund zu haben. Das Groteske ist auch darin zu sehen, daß die SED von der Mehrheit des Volkes abgelehnt wurde, also Grund zum Bespitzeln hatte. Die Schweizer aber stehen doch zu ihrem Staat absolut loyal.

HALLER Welche Inhalte, welche nationalen Werte feiert die Schweiz an ihrem 700. Geburtstag? Sie haben eine bezaubernde kleine Karikatur geschrieben über Ihr Heimatland. Sie nennen die Schweiz »FC Helvetia 1291«: ein Fußballverein, der schon lange keinen Fußball mehr spielt, sondern nur sich selbst zelebriert, sich zur Firma gewandelt hat und Fußball als Geschäft betreibt. 1991 feiert dieser Verein 700 Jahre Bestehen.

FD Die Schweiz weiß nicht genau, was sie feiern soll; sie steckt in einer tiefen Identitätskrise. In Wirklichkeit ist ja der moderne Staat, um den es heute geht, aus einer Niederlage heraus entstanden. Er ist Napoleon zu verdanken. Also einem Ausländer und Eroberer. Aber darüber reden die Schweizer nicht so gern wie über den Wilhelm-Tell-Mythos, der 700 Jahre alt sein soll, aber ziemlich frei erfunden ist. Ich meine, das Problem der Schweiz besteht auch darin, daß die deutsche und die französische Schweiz längst nicht mehr miteinander, sondern nur gerade nebeneinander leben. Hier in Neuchâtel kümmert sich niemand um das, was in Zürich geschieht – und umgekehrt. Der kulturelle Kontakt ist schlechter denn je. Jede Sprachregion kapselt sich von den anderen ab.

HALLER Trotz ihrer Neugründung nach der napoleonischen Ära kann die Schweiz auf eine lange Tradition staatlicher Eigenständigkeit zurückblicken. Und Traditionen formen nationale Eigenheiten: Was den Schweizer ausmacht, das weiß man im nachbarlichen Ausland recht genau.

FD Natürlich, der Schweizer gilt als fleißig und pünktlich. Aber er ist auch engstirnig und rechthaberisch. Er lebt in seiner kleinen, überschaubaren Welt, die er immer aufgeräumt hält. Und doch: Um das Problem der Identitätskrise zu verstehen, ist wichtig zu wissen, daß die Schweiz nie eine Nation war, sondern immer ein künstlicher Staat. Er entstand in der Folge schwerer religiöser Auseinandersetzungen: In Genf hatten sich die Calvinisten durchgesetzt, die nicht nach Frankreich wollten. In Zürich waren es die ähnlich stur denkenden Zwinglianer. Dazwischen die erzkatholische Innerschweiz. Nicht von ungefähr zerfleischten sich die Schweizer immer aufs neue in grausamen Religionskriegen. Sie waren nie das friedliebende Volk, als das sie sich heute sehen. Als sie mit den Religionskriegen aufhörten, kämpften sie als Landsknechte auf Europas Schlachtfeldern voll Enthusiasmus weiter. Unvergessen ist die Schweizergarde Ludwigs XVI., die sich für den König aufopferte, statt auf der Seite des revoltierenden Volkes für die Demokratie zu kämpfen.

Unglaubhaft ist auch der Mythos, die älteste Demokratie zu sein. In Wahrheit führten viele Städte – allen voran Bern – während Jahrhunderten ein grausames Ausbeuterregime über ihre Ländereien. Bauernaufstände wurden blutig niedergeschlagen, Hungersnöte mit Zynismus quittiert.

HALLER Vielleicht darf die Schweiz den Umstand feiern, daß sie gar nie eine moderne Nation geworden ist?

FD Ja, die Schweizer Bürger sind wirklich stolz darauf, nie zu einer Nation verschmolzen zu sein. Wir sprachen schon davon: In der Schweiz blieben ja auch die vier Sprachregionen immer für sich. Die Einwohner geben sich nur gegenüber Ausländern als Schweizer, gegenüber andern Schweizern sind sie überzeugte Lokalpatrioten. Da steht ein Tal gegen das andere Tal, Talschaft gegen Talschaft, die eine Stadt gegen die andere Stadt. Und oft auch Kanton gegen Kanton. Natürlich nicht gewalttätig, aber im Ressentiment.

HALLER Und was spricht nun für die Schweiz? Denken Sie gelegentlich patriotisch?

FD Ich glaube, ein Kleinstaat ist ein viel glücklicheres Unternehmen als ein Großstaat. Großstaaten sind Pulverfabriken, in denen das Rauchen erlaubt ist. Die Schweiz ist eine ganz kleine Pulverfabrik, in der außerdem das Rauchen sehr streng reglementiert ist. Ich meine, wenn sich ein Schweizer als Patriot zeigt, ist er nur ein komischer Bursche. Wenn ein Deutscher patriotisch wird, ist er gefährlich: Die Pulverfabrik könnte hochgehen.

Ich habe keine emotionale Beziehung zur Schweiz. Ich habe aber auch nichts gegen sie. Die Schweiz ist praktisch und zweckmäßig – und ein wenig langweilig. Es gibt das alte Bonmot: Es ist schön, als Schweizer geboren zu werden; es ist schön, als Schweizer zu sterben. Doch was macht man in der Zwischenzeit? Meine Antwort lautet gut schweizerisch: Ich vertue sie mit Arbeiten.

HALLER Sie stammen aus dem Dorf Konolfingen im Emmental, das zum Kanton Bern gehört. Seit 40 Jahren leben Sie in der französischen Schweiz, in Neuchâtel. Als was fühlen Sie sich?

FD Ich spreche von Kindesbeinen an Berndeutsch, aber in der Mundart des Emmentals. Natürlich schreibe ich in Hochdeutsch. Ich fühle mich der deutschsprachigen Kultur zugehörig, nicht irgendeiner schweizerischen.

HALLER In den sechziger und siebziger Jahren engagierten sich viele Schweizer Literaten für eine bessere Schweiz: Im Gefolge von Max Frisch übten sie Kritik am Seldwyla-Staat und forderten mehr politische Verantwortung der Schweiz für Europa. Dieselben Schriftsteller protestierten jetzt auch gegen die offiziellen 700-Jahr-Feiern. Sie aber hielten und halten sich abseits. Warum?

FD Viele Schweizer Schriftsteller fühlten und fühlen sich moralisch verantwortlich für den Zustand des Staates. Ich glaube, sie leiden unter den unvollkommenen, den negativen Seiten der Schweiz und der Schweizer. Sie tragen die Verantwortung, die zu übernehmen die Magistraten sich weigern. Diesen Schriftstellern paßt jetzt die patriotische Inszenierung der Feiern nicht. Sie haben da eine Erklärung unterschrieben, daß sie sich an keiner dieser offiziellen Feiern beteiligen werden.

HALLER Und Sie?

FD Ich habe nicht unterschrieben, weil ich mich sowieso an gar nichts beteiligen werde. Ich will damit nichts zu tun haben, ich bin weder dafür noch dagegen. Diese engagierten Schriftsteller sehen ihr Hauptproblem darin, Schweizer zu sein. Ich hatte damit nie Probleme, ich habe mir aus dem Gebilde Schweiz nie etwas gemacht.

HALLER Wie kommt es dann, daß Sie die Schweizer Verhältnisse mit Gleichnissen wie dem des Gefängnisses karikieren?

FD Ich wollte zeigen und aufklären. Ich sehe die Schweiz als etwas Groteskes, weil niemand heute zu sagen vermag, wer die politische Macht besitzt. Ist es wirklich das Volk mit seinem Referendumsrecht? Ist es die gewählte Regierung in Bern? Oder sind es die verschiedenen Cliquen, Gruppen und Vereine? Oder Finanz und Wirtschaft? Und wenn es die Wirtschaft sein sollte: Sind es die Manager? Sind es die Verwaltungsräte [= Aufsichtsräte]? Die Schweizer durchschauen diese labyrinthischen Machtverhältnisse schon lange nicht mehr. Darum bleibt bei Wahlen und Abstimmungen die Mehrheit des Stimmvolks lieber zu Hause. Sie sehen es auch daran: Die Schweizer stecken in einer ungeheuren Identitätskrise.

HALLER Warum war und ist diese Krise für Sie kein literarisches Thema?

FD Mich interessierten schon immer die globalen Probleme des Menschseins. Der Mensch ist der Faktor, der nie ganz aufgeht. Mir ist gleichgültig, ob ich Deutscher oder Schweizer bin, ich folge einem philosophischen Blickwinkel. Man hat mir früher mangelndes Engagement vorgeworfen. Mein Engagement gehört der Aufklärung.

HALLER Gesamtdeutsche Gefühle hier, altschweizerische Festivitäten dort: Im deutschen Kulturraum, so scheint mir, will man derzeit nicht aufklären, man möchte lieber verklären. Auch dies ein Zeichen der von Ihnen angesprochenen Krise?

FD Natürlich. Ich glaube wirklich, die Menschen haben derzeit große Mühe, ihrem Denken zu vertrauen. Das Wissen über den Zustand der Welt ist ja auch schwer zu ertragen. Darum glauben sie lieber: die einen an dies, die andern an jenes.

* Zur ›Fichen-Affäre‹ vermerkt das *Schweizer Lexikon:* »Bez. für den politischen Skandal rund um die 1989 von der eidgenössischen Parlamentarischen Untersuchungskommission (PUK) entdeckte Registratur der politischen Polizei, die im Umfeld des kalten Krieges entstand und rund 820000 Kontrollkarten (Fichen) sowie rund 17000 Dossiers aus z.T. widerrechtlicher Überwachung umfaßt über Personen (728000, davon 142000 Schweizer, entspricht 2,5% der schweiz. Wohnbevölkerung), Organisationen und v.a. Ereignisse aus dem Umkreis von Links- und Rechtsextremismus, Anarchismus, Spionage und Terrorismus, aber auch über Kulturschaffende (u.a. Friedrich Dürrenmatt, Max Frisch, J.R. von Salis; deshalb Proteste und Aufrufe zum Boykott der 700-Jahr-Feier der Eidgenossenschaft durch zahlreiche Mitglieder der Gruppe Olten), Journalisten und Zeitungen (u.a. ›Die Weltwoche‹).«

Adolf Ogi

»Wehe, ich rühme ihn nicht!
Wehe, ich rühme ihn!«

Sehr geehrte Frau Kerr Dürrenmatt,
sehr geehrter Herr Saner,
meine sehr geehrten Damen und Herren

Dürrenmatt! Wenn wir einen Augenblick ganz still sind, hören wir sein Lachen... Dürrenmatt genießt die Szene.

Sie entspricht seinem abgründigen Humor: Ausgerechnet der helvetische Verteidigungsminister gibt ihm, der die Schweizer Armee für reichlich überflüssig hielt, die Ehre.

Ausgerechnet der helvetische Verteidigungsminister spricht über ihn, der stolz auf seinen dienstverweigernden Sohn war.

Ausgerechnet der helvetische Verteidigungsminister eröffnet eine Bilderausstellung von ihm, der noch eine Woche vor seinem Tod in einem Interview mit dem ›Stern‹ sagte: »Ich habe den Verdacht, die

Armee verteidigt nichts als das Bankgeheimnis.«

Dürrenmatts Kritik an der Armee war fundamental. Aber sie war nicht verbissen. Der Dürrenmattsche Humor hat sie relativiert.

Ich zitiere aus demselben Interview: »Man macht Manöver, die in Wirklichkeit kolossale Saufereien sind. Ich habe einen Freund, der muß nach jedem Manöver wegen seiner angegriffenen Leber ins Sanatorium.«

EMD-Chef Ogi Adolf und Rekrut Dürrenmatt Fritz konnten sich leider nie begegnen. *Ich* kam just in jenen Juli-Tagen des Jahres 1942 auf die Welt, als *er* in Bern in der Rekrutenschule steckte.

Gefreut darauf hat er sich nicht sonderlich. Im September des Vorjahres schreibt er nämlich seinem Vater: »Das Studium jetzt anzufangen, hat keinen großen Sinn, da ich ja in die Rekrutenschule muß, wo man sowieso alles vergißt!« Das Vergessen hielt sich dann in Grenzen, da Dürrenmatt die RS nach drei Wochen aus gesundheitlichen Gründen abbrechen durfte.

Kurz und gut, Dürrenmatt hat nichts von der Armee gehalten.

Der durch und durch politische Zeitkritiker Dürrenmatt hat aber auch wenig von Politik und Politikern gehalten. In dem bereits zitierten Interview im Dezember 1990 meinte er: »Was die Welt verändert, ist doch nicht die Politik oder die Kunst, sondern die Wissenschaft.« Und als ihm die Stadt Bern den Literaturpreis verlieh, merkte er an: »Sie geben den Preis nicht einem Rechten oder Linken, sondern einem Queren. Einem, der die Politik durchdenkt, um Wichtigeres zu denken, einem, der sich für die Politik einsetzt, um sich ihr nicht auszusetzen, einem, der die Politik behaftet, um nicht von ihr verhaftet zu werden.«

Und nun steht hier vor Ihnen ausgerechnet ein Politiker. Einer, der seine Leidenschaft für die Politik zum Beruf gemacht hat. Einer, der Parlamentarier war und nun in der Regierung sitzt.

Auch darüber amüsiert sich Dürrenmatt. Hören Sie ihn lachen? Er wartet jetzt gelassen darauf, wie sich der Bergler Ogi in diesem erlauchten Kreis hier in Studen aus der Schlinge zieht. Wie der Herr Bundesrat aus dem Dürrenmattschen Labyrinth wieder herausfindet, in das er sich freiwillig begeben hat.

Dürrenmatt! Wehe, ich rühme ihn nicht! Denn ich bin ja gekommen, eine Ausstellung zu eröffnen, und nicht, den Armeekritiker zu kritisieren.

Wehe aber, ich rühme ihn! Denn er hat gesagt, ein Schriftsteller, den die moderne Gesellschaft an den Busen drücke, sei für alle Zeiten korrumpiert.

Es bliebe noch der Ausweg, sich auf die Bilder zu konzentrieren. Und nur auf die Bilder. Quasi der Ausweg des ›Jenseits-von-Gut-und-Böse‹. Aber dieser Pfad ist so gründlich zerstampft, daß er nicht mehr begehbar ist.

Ich will deshalb einfach versuchen, Ihnen als Adolf Ogi zu sagen, weshalb ich diese Einladung sehr gerne angenommen habe. Weshalb ich stolz bin, heute hier stehen zu dürfen.

Zum einen wegen dem Gastgeber, Gerhard Saner. Er sammelt seit 30 Jahren Schweizer Kunst. Er hat dieses wunderschöne Museum gebaut. Er macht die Werke seiner und anderer Sammlungen uns allen zugänglich. Er schreibt damit die noble Geschichte des modernen Mäzenatentums fort. Das verdient Dank und Anerkennung!

Zum andern wegen Friedrich Dürrenmatt. Wenn ich es auf einen Nenner bringen müßte, würde ich sagen: weil ich *freie* Menschen gern habe, und weil Dürrenmatt ein *freier Mensch* gewesen ist.

Er hat eine ganz seltene Eigenschaft gehabt. Er hat den Mut zu einem eigenen Standpunkt besessen. Ein Mut, der selbst in einer Demokratie gefährlich sein kann. Und in einer Diktatur tödlich.

Er hat einer fortschritts-fanatischen und technokratischen Welt gesagt, welche Katastrophen ihr drohen.

Er hat der Menschheit im Jahr der Kuba-Krise von 1962, angesichts des Dritten und mit Sicherheit letzten Weltkrieges, an den Kopf geworfen, je planmäßiger sie vorgehe, desto wirksamer könne der Zufall sie treffen.

Er hat Güllen in die Hand der Alten Dame Claire Zachanassian gelegt, er hat die Weltformel in die Hand der verrückten Ärztin von Zahnd fallen lassen, ja, er hat den Planeten hopsgehen lassen.

Er hat die Ohnmacht des amerikanischen Präsidenten ebenso auf die Bretter der Weltbühnen gebracht wie zuvor die Unfähigkeit Nebukadnezars, seine Herrschaft wirklich total zu machen.

Dürrenmatt hat in seinen Stücken mehr Leute ermorden lassen, als selbst ein Bundesrat in einer normalen Arbeitswoche trifft. Und auch Verstöße gegen die anderen neun Gebote hat der Pfarrerssohn aus Konolfingen fleißig thematisiert.

Vor allem aber, und das hat mich zu allen Zeiten besonders stark an Dürrenmatt beeindruckt, hat er jenem typisch schweizerischen, instinktiven Mißtrauen gegen die Macht modernen Ausdruck verliehen. Hohle und phrasenhafte und feige Arroganz hat er in grotesker, also in realistischer Gewandung auftreten lassen und selbst da noch angeprangert, wo er wohl *mehr* sah, als wirklich da war.

Die unheimliche Stille unter den Intellektuellen durchbrach er im Oktober 1973 mit seinem berühmt gewordenen ›NZZ‹-Essay *Ich stelle mich hinter Israel.*

Er stellte sich auf die Seite der unpopulär gewordenen Angegriffenen. Und gegen die mächtiger und daher respektabler gewordenen Angreifer. Das brauchte Mut. Ich bewundere diesen Mut. Den Mut, frei zu denken und frei zu sprechen auch da, ja gerade da, wo viele, vielleicht die Mehrheit, anderer Meinung sind. In diesem Mut soll uns unser größter Schriftsteller in diesem nun immer deutlicher zu Ende gehenden Jahrhundert Ansporn und Vorbild sein.

Wenn ich an dieser Bilder-Vernissage so

ausführlich über das *schriftstellerische* Werk Dürrenmatts gesprochen habe, dann deshalb, weil man nur so sein *malerisches* Werk verstehen kann. Seine Bilder haben mit seinen Romanen, Stoffen und Theaterstücken zu tun, und umgekehrt. Sehen wir heute in der Fondation Saner einen malenden Schriftsteller oder einen schriftstellenden Maler?

Nun, Dürrenmatt hat es als *Schriftsteller* zu Weltruhm gebracht. Damit wäre die Frage vordergründig beantwortet. Ist sie es? Eine Frage, die sich dem jungen, an der Schwelle zum Erwachsenen stehenden Dürrenmatt existentiell gestellt hat.

Vater Dürrenmatt hatte seinen Sohn Fritz ins Kiental geschickt, damit er sich in der Stille und Abgeschiedenheit über seine Zukunft klar werde. Dürrenmatt in einem Brief an seinen Vater: »Es handelt sich nicht darum, zu entscheiden, ob ich ein ausübender Künstler werde oder nicht, denn da wird nicht entschieden, sondern das wird man aus Notwendigkeit. Und daß ich ein

Künstler werden kann und muß, weiß und fühle ich. Das Problem liegt ja bei mir ganz anders. Soll ich malen oder schreiben. Es drängt mich zu beidem.«

50 Jahre später, nach Dürrenmatts Tod, hält Schriftstellerkollege Hugo Loetscher fest: »Von Anfang an sprachliches und bildnerisches Schaffen nebeneinander, und dies ein Leben lang durchgehalten. Nicht zufällig aber, daß Dürrenmatt auf der Bühne Triumphe feierte, auf dem Agitations- und Aktionsfeld des Wortes.«

Dieses Nebeneinander bringt der Zeichner Paul Flora auf die schöne Formel, wonach »der Bildner Dürrenmatt ein Zwillingsbruder des Schreibers Dürrenmatt« sei. Seine Bilder seien Dramen, Grotesken und Komödien, die eben gezeichnet und gemalt und nicht geschrieben seien.

Diese Zwillingsbrüder Dürrenmatt hatten es nicht immer leicht miteinander. Interessante Einblicke gibt uns der Maler selbst in *Labyrinth. Stoffe I-III.* Er könne zwei Nächte hindurch zeichnen, ohne zu ermüden, was beim Schreiben nie möglich wäre. Wenn ein Bild fertig sei, fühle er sich glücklich, frei, erlöst vom Schreiben, von dieser ständigen, unsäglichen Konzentration. Und wörtlich: »Immer noch scheint mir bisweilen, ich hätte der Versuchung des Schreibens widerstehen und bei der Malerei bleiben sollen.«

Dieses verklausulierte Bekenntnis des *Schreibers* Dürrenmatt zum *Maler* Dürrenmatt relativiert er an anderer Stelle. In der *Persönlichen Anmerkung zu meinen Bildern und Zeichnungen* hält er fest: »Ich bin kein Maler. Ich male technisch wie ein Kind. Ich male aus dem gleichen Grund, wie ich schreibe: weil ich denke. Ich könnte nicht hauptberuflich Maler sein, aus dem einfachen Grund: ich wüßte die meiste Zeit nicht, was ich malen sollte.«

Und endgültig seine Einsicht eine Woche vor seinem Tod: »Ich wollte Maler werden. Aber ich habe jetzt gesehen, daß ich keiner bin.«

Dürrenmatt der Berner, der Schweizer,

der Weltbürger, der alle Grenzen gesprengt hat. Dürrenmatt, das Genie, über das sich die sogenannte offizielle Schweiz immer wieder geärgert hat. Oder zu ärgern glauben mußte. Auf den sie aber eigentlich unheimlich stolz war. Und stolz ist!

Ich darf Sie daran erinnern, daß 110 Nationalrätinnen und Nationalräte ein Postulat des Bieler Nationalrates Marc Suter unterzeichnet haben. Sie fordern die Rettung des gestalterischen Werkes von Friedrich Dürrenmatt. Das Postulat sieht vor, daß die Eidgenossenschaft sich an den Kosten eines von Mario Botta gestalteten Museums auf dem Anwesen Dürrenmatts in Neuenburg beteiligt und die Betriebskosten für das dort geplante Dürrenmatt-Zentrum übernimmt. Im Gegenzug würde Frau Charlotte Kerr Dürrenmatt der Eidgenossenschaft das erste Wohnhaus Dürrenmatts mit Bibliothek und ›Sixtinischer Kapelle‹ samt dazugehörigem Bauland für das Botta-Museum schenken. Die Dürrenmatt-Stiftung würde das Geld für die Errichtung des Museums bereitstellen. Damit wäre das gesamte bildnerische Werk an dem Platz, an dem es entstanden ist, dauernd ausgestellt, dem Publikum zugänglich und mit der Schenkung des literarischen Werkes in Bern – über den Röstigraben hinweg – wieder vereint.

Die Wechselwirkung liegt auf der Hand: Die Literatur war Dürrenmatts Profession, die Malerei seine Passion.

Der Bundesrat hat sich im letzten November bereit erklärt, das Postulat entgegenzunehmen.

Dürrenmatt – zum letzten Mal! Er hat ein schriftstellerisches Werk hinterlassen, das auf Generationen hinaus Bestand haben wird. Und er hat ein malerisches und zeichnerisches Werk hinterlassen, das uns seine faszinierende Gedankenwelt plastisch vor Augen führt. Wir haben hier und heute in der Fondation Saner die Gelegenheit, ja die Chance, in diese Welt einzutauchen. Nutzen wir sie!

Ich wünsche uns allen eine anregende Begegnung mit Dürrenmatt, dem Maler! Dem Menschen!

Nachweis

Friedrich Dürrenmatt *Die Schweiz – ein Gefängnis.* Rede auf Václav Havel zur Verleihung des Gottlieb-Duttweiler-Preises am 22. November 1990 in Zürich. ›du‹, Zürich, Januar 1991. Auch in *Kants Hoffnung,* Diogenes Verlag, Zürich 1991, und in *Gesammelte Werke,* Bd. 7, Essays und Gedichte, Diogenes Verlag, Zürich 1996 (detebe 22850).

Michael Haller *»In der Schweiz bewacht jeder sich selbst«.* Ein Gespräch mit dem Autor am 3. Dezember 1990 in Neuchâtel. Unter dem Titel *Deutsche, Schweizer und die andern: »Das Welttheater spielt verrückt«* in: Michael Haller (Hrsg.) *Friedrich Dürrenmatt: Über die Grenzen,* pendo-verlag, Zürich 1990. Auch in: Friedrich Dürrenmatt *Gespräche 1961–1990,* Bd. 4, Diogenes Verlag, Zürich 1996. Abdruck der Gesprächsteile des Befragers mit freundlicher Genehmigung des pendo-verlags, Zürich.

Adolf Ogi *»Wehe, ich rühme ihn nicht! Wehe, ich rühme ihn!«* Referat des Vorstehers des Eidgenössischen Militärdepartements zur Eröffnung der Dürrenmatt-Ausstellung in der Fondation Saner am 11. Mai 1996 in Studen bei Biel. Abdruck mit freundlicher Genehmigung des Eidgenössischen Militärdepartements.

Friedrich Dürrenmatt im Diogenes Verlag

● Das dramatische Werk

Es steht geschrieben / Der Blinde
Frühe Stücke

Romulus der Große
Eine ungeschichtliche historische Komödie in vier Akten

Die Ehe des Herrn Mississippi
Eine Komödie in zwei Teilen und ein Drehbuch

Ein Engel kommt nach Babylon
Eine fragmentarische Komödie in drei Akten

Der Besuch der alten Dame
Eine tragische Komödie

Frank der Fünfte
Komödie einer Privatbank

Die Physiker
Eine Komödie in zwei Akten

Herkules und der Stall des Augias / Der Prozeß um des Esels Schatten
Griechische Stücke. Zwei Hörspiele und eine Komödie

Der Meteor / Dichterdämmerung
Zwei Nobelpreisträgerstücke

Die Wiedertäufer
Eine Komödie in zwei Teilen

König Johann / Titus Andronicus
Shakespeare-Umarbeitungen

Play Strindberg / Porträt eines Planeten
Übungsstücke für Schauspieler

Urfaust / Woyzeck
Zwei Bearbeitungen

Der Mitmacher
Ein Komplex

Die Frist
Eine Komödie

Die Panne
Hörspiel und Komödie

Nächtliches Gespräch mit einem verachteten Menschen / Stranitzky und der Nationalheld / Das Unternehmen der Wega
Hörspiele und Kabarett

Achterloo
Komödie. Mit einem Nachwort des Autors

F. Dürrenmatt & Charlotte Kerr
Rollenspiele
Protokoll einer fiktiven Inszenierung und ›Achterloo III‹

Midas
oder Die schwarze Leinwand

● Das Prosawerk

Aus den Papieren eines Wärters
Frühe Prosa

Der Richter und sein Henker
Kriminalroman. Studienausgabe mit zahlreichen Fotos aus dem Film und einem Anhang

Der Verdacht
Kriminalroman

Der Hund / Der Tunnel / Die Panne
Erzählungen

Die Panne
Eine noch mögliche Geschichte

Grieche sucht Griechin / Mr. X macht Ferien / Nachrichten über den Stand des Zeitungswesens in der Steinzeit
Grotesken

Das Versprechen / Aufenthalt in einer kleinen Stadt
Erzählungen

Das Versprechen
Requiem auf den Kriminalroman

Theater
Essays, Gedichte und Reden

Kritik
Kritiken und Zeichnungen

Literatur und Kunst
Essays, Gedichte und Reden

Philosophie und Naturwissenschaft
Essays, Gedichte und Reden

Politik
Essays, Gedichte und Reden

Der Sturz
Erzählungen: ›Der Sturz‹ / ›Abu Chanifa und Anan Ben David‹ / ›Smithy‹ / ›Das Sterben der Pythia‹

Zusammenhänge
›Essay über Israel‹ /

Nachgedanken
unter anderem über Freiheit, Gleichheit und Brüderlichkeit in Judentum, Christentum, Islam und Marxismus und über zwei alte Mythen

Labyrinth
Stoffe I–III: ›Der Winterkrieg in Tibet‹/ ›Mondfinsternis‹/›Der Rebell‹. Vom Autor revidierte Neuausgabe

Minotaurus
Eine Ballade. Mit Zeichnungen des Autors

Justiz
Roman

Der Auftrag
oder Vom Beobachten des Beobachters der Beobachter. Novelle in vierundzwanzig Sätzen

Versuche
Essays und Reden

Denkanstöße
Ausgewählt und zusammengestellt von Daniel Keel. Mit sieben Zeichnungen des Dichters

Durcheinandertal
Roman

Turmbau
Stoffe IV–IX: ›Begegnungen‹ / ›Querfahrt‹ / ›Die Brücke‹ / ›Das Haus‹ / ›Vinter‹ / ›Das Hirn‹

Das Dürrenmatt Lesebuch
Herausgegeben von Daniel Keel. Mit einem Nachwort von Heinz Ludwig Arnold

Meistererzählungen
Mit einem Nachwort von Reinhardt Stumm

Gedankenfuge

Das Mögliche ist ungeheuer
Ausgewählte Gedichte. Mit einem Nachwort von Peter Rüedi

Der Pensionierte
Fragment eines Kriminalromans. Text der Fassung letzter Hand. Faksimile des Manuskripts. Faksimile des Typoskripts mit handschriftlichen Änderungen. Mit einem Nachwort von Peter Rüedi und einem editorischen Bericht

Die Schweiz – ein Gefängnis
Rede auf Václav Havel. Mit einem Gespräch des Autors mit Michael Haller sowie einer Rede von Bundesrat Adolf Ogi

● Das zeichnerische Werk

Die Heimat im Plakat
Ein Buch für Schweizer Kinder

Die Mansarde
Die Wandbilder aus der Berner Laubeggstraße. 24 Abbildungen mit Texten von Friedrich Dürrenmatt. Mit einem Essay von Ludmila Vachtova.

● Gespräche

Gespräche 1961 – 1990
4 Bände in Kassette. Band 1: Der Klassiker auf der Bühne 1961–1970. Band 2: Die Entdeckung des Erzählens 1971–1980. Band 3: Im Bann der ›Stoffe‹ 1981–1987. Band 4: Dramaturgie des Denkens 1988–1990. Herausgegeben von Heinz Ludwig Arnold. In Zusammenarbeit mit Anna von Planta und Jan Strümpel

● Über Dürrenmatt

Elisabeth Brock-Sulzer
Friedrich Dürrenmatt
Stationen seines Werkes. Mit Fotos, Zeichnungen, Faksimiles

Über Friedrich Dürrenmatt
Essays, Zeugnisse und Rezensionen. Mit Chronik und Bibliographie. Herausgegeben von Daniel Keel. Erweiterte Ausgabe

Herkules und Atlas
Lobreden und andere Versuche über Friedrich Dürrenmatt. Herausgegeben von Daniel Keel

Friedrich Dürrenmatt
Schriftsteller und Maler
Ein Bilder- und Lesebuch

play Dürrenmatt
Ein Lese- und Bilderbuch. Mit Texten von Friedrich Dürrenmatt, Hugo Loetscher, Peter Rüedi, Guido Bachmann u.a. sowie Handschriften, Zeichnungen und Fotos

Friedrich Dürrenmatt
Politik

Essays, Gedichte und Reden

»Der große Mann aus Neuchâtel ist bis auf den heutigen Tag ein bisweilen geradezu gewalttätiger ›Wirklichkeits‹-Entwerfer und Konzeptionist geblieben, von dem noch viel zu erwarten ist. Seine schöpferische Störrigkeit ist aus der modernen Literatur nicht mehr wegzudenken.« *Basler Nachrichten*

»Man versteht Dürrenmatt nicht, wenn man ihn nicht als Erwecker und Gestalter von Mythen sieht. Da er dem Sinnlosen keinen Sinn zu geben vermag, lehnt Dürrenmatt Ideologien ab, die sich als politische Heilsbotschaften empfehlen. An Zivilcourage fehlt es ihm keineswegs, aber er protestiert gegen die Politisierung der Literatur und weigert sich, seine Schriftstellerei in den Dienst einer Politik und einer Partei zu stellen.
In Amerika und Kanada waren auch Dürrenmatts *Physiker* oft aufgeführt worden. Als am 4. Oktober 1977 Präsident Jimmy Carter in seiner Rede vor der Generalversammlung der Vereinten Nationen in New York von der Notwendigkeit sprach, die Nuklearrüstung auf der Welt unter Kontrolle zu bringen und zu diesem Zweck ein zweites SALT-Abkommen auszuhandeln, erinnerte er sein Auditorium an den Satz aus den *Physikern* von Dürrenmatt, daß das einmal Gedachte nicht mehr ungedacht gemacht werden kann. Es gibt verschiedene Wege, auf denen ein anscheinend unpolitischer Schriftsteller zur Kenntnis der Mächtigen dieser Welt gelangt.« *J.R. von Salis*

Friedrich Dürrenmatt

Zusammenhänge

Essay über Israel
Eine Konzeption

Nachgedanken

unter anderem über Freiheit, Gleichheit und Brüderlichkeit in Judentum, Christentum, Islam und Marxismus und über zwei alte Mythen

»Ein Israel-Buch, wie man noch keines sah und kaum je wieder sehen wird. Ein überaus gedankenreiches Werk, dessen Reichweite von der Reportage über die Dichtung, die Geschichts- und Religionswissenschaft bis zur Philosopie, stellenweise sogar bis zu Physik und Kosmologie hin langt. Buch eines radikalen Aufklärers, der gleichwohl eine eigentümliche Beziehung zur Transzendenz pflegt. Eines Philosophen, der bei aller Geschichts-Skepsis geschichtlich zu denken versteht. Eines Dramatikers, der hier in seiner Prosa sich als Lyriker hohen Ranges bekräftigt. Ein Bekenntnis zu Israel, das den ›Bruder‹ der Israeli, den Palästinenser, heraufbeschwört. Buch eines Sprachphilosophen, der jenseits der Sprache die ungewissen Konturen der Realität erschaut.« *Jean Améry/Frankfurter Rundschau*

»Dies ist keine Gelegenheitsarbeit eines bedeutenden Schriftstellers. Alle Grundthemen des Dramatikers, Erzählers und Dramaturgen werden mitverarbeitet. Dieser Essay gehört ebenso zum ganzen Dürrenmatt, wie die ›Betrachtungen eines Unpolitischen‹ den ganzen Thomas Mann repräsentiert hatten und Sartres ›Betrachtungen zur Judenfrage‹ den ganzen Sartre. Dürrenmatts Versuch endet, wie bei Lessing, als Parabel im Märchenton: als Versöhnung des Abu Chanifa und des Anan Ben David, weil ›beider Eigentum… die Freiheit des einen und die Freiheit des anderen ist‹. Allein: diese Freiheit ist, in Dürrenmatts Parabel, die Freiheit im gemeinsamen Kerker.« *Die Zeit, Hamburg*

Friedrich Dürrenmatt

Gespräche 1961 – 1990

4 Bände in Kassette. Band 1: Der Klassiker auf der Bühne 1961–1970
Band 2: Die Entdeckung des Erzählens 1971–1980. Band 3: Im Bann der ›Stoffe‹ 1981–1987. Band 4: Dramaturgie des Denkens 1988–1990
Herausgegeben von Heinz Ludwig Arnold
In Zusammenarbeit mit Anna von Planta und Jan Strümpel

Überliefert sind von Friedrich Dürrenmatt über 4000 Seiten der unterschiedlichsten Gespräche und Interviews für Zeitungen, Zeitschriften, den Rundfunk oder das Fernsehen – aus drei Jahrzehnten, von 1961 bis 1990. Aus diesem schriftstellerischen Tage-Werk hat der Herausgeber Heinz Ludwig Arnold die wichtigsten Gespräche vollständig oder in Teilen ausgewählt, immer darauf bedacht, einen lesbaren, an Biographie und Werk sich orientierenden Jahr- und Tagebuch-Text herzustellen, der Friedrich Dürrenmatt als den zeigt, der er war: ein einfallsreicher, witziger, widerspruchsfreudiger, quer-, also selbstdenkender und erkenntnisheischender Schriftsteller voller Neugier und Einfallsreichtum.

»Dürrenmatts Interviews sind ein Vergnügen.«
Gerhard Stadelmaier / FAZ

»Das Gespräch mit Dürrenmatt – ein niemals endender Dialog, wie er ihn jahrzehntelang geführt hat, insistierend und demütig, lernbereit, provozierend und trotzdem zum Eingeständnis des Scheiterns bereit.«
Walter Jens